Table of Contents

Section	Page
Fraction Identification	3
Adding & Subtracting Fractions	9
Decimal & Fraction Equivalents	21
Dividing by 10 & 100	29
Rounding Decimals	37
Comparing Decimals	41

(Answers in Back)

ISBN: 9798563413702

Test 1   **Fraction Identification**

Time: :   Score: /20

Identify the fraction.   1 point per question.

1) = _____   2) = _____

3) = _____   4) = _____

5) = _____   6) = _____

7) = _____   8) = _____

9) = _____   10) = _____

11) = _____   12) = _____

13) = _____   14) = _____

15) = _____   16) = _____

17) = _____   18) = _____

19) = _____   20) = _____

Name: ____________________ Date: __________

Test 2 | Fraction Identification

Time: :

Score: /20

Identify the fraction.

1 point per question.

1) 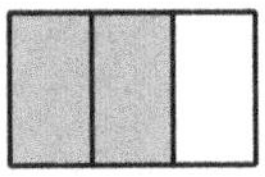 = __________

2) 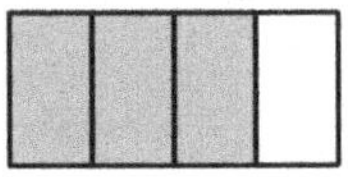 = __________

3) 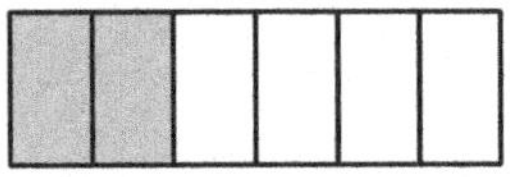 = __________

4)  = __________

5) 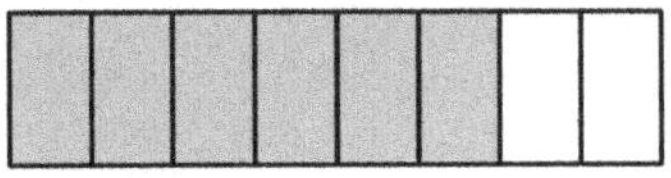 = __________

6) 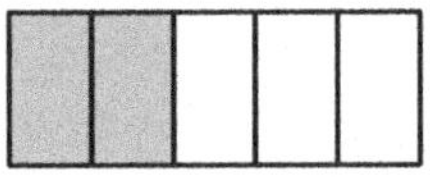 = __________

7) 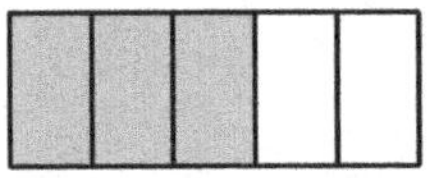 = __________

8) 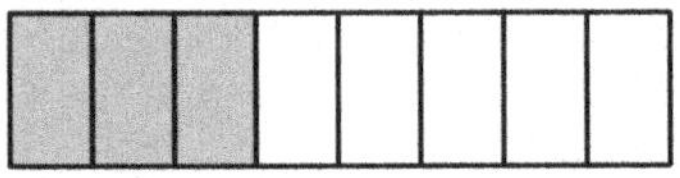 = __________

9) 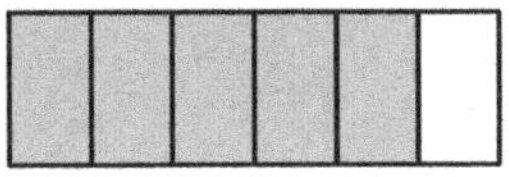 = __________

10) 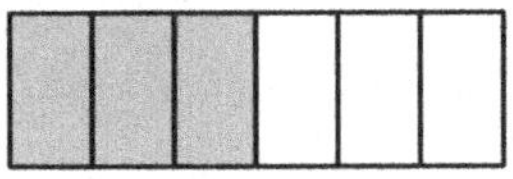 = __________

11) 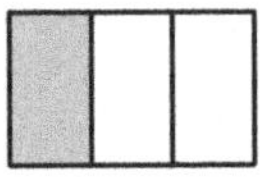 = __________

12) 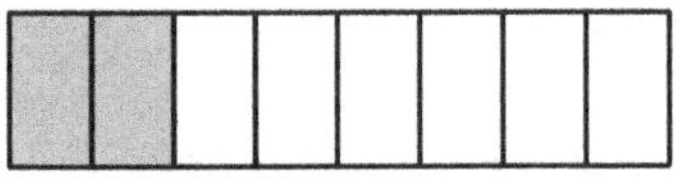 = __________

13) 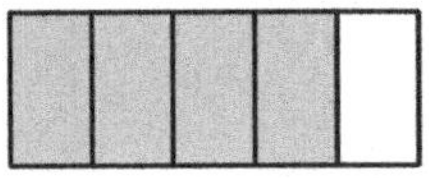 = __________

14) 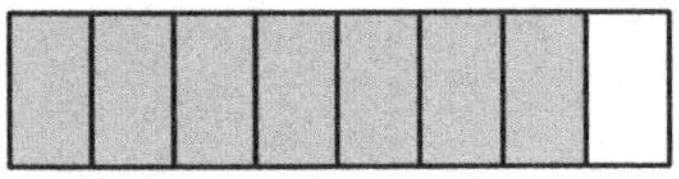 = __________

15) 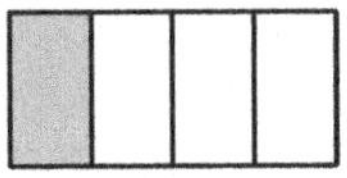 = __________

16) 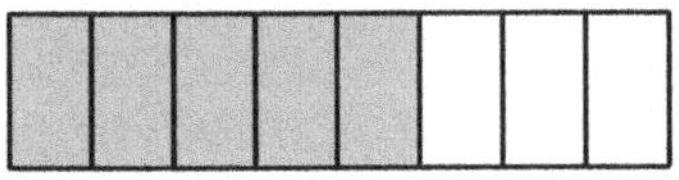 = __________

17) 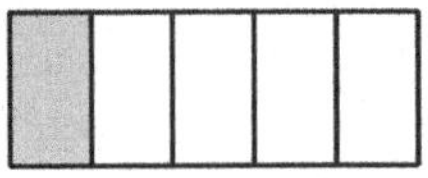 = __________

18) 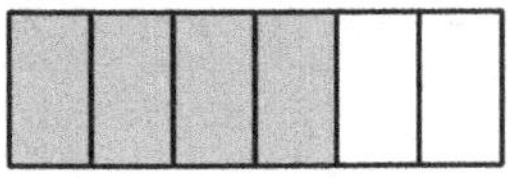 = __________

19) 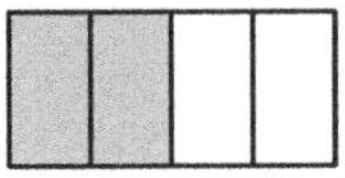 = __________

20) 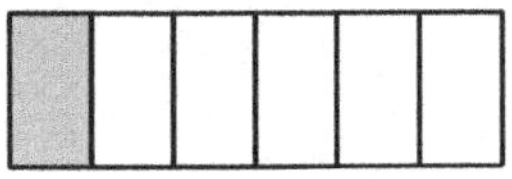 = __________

Test 3   Fraction Identification

Time: :   Score: /20

Colour the fraction.   1 point per question.

1) $\dfrac{1}{8}$ =

2) $\dfrac{4}{5}$ =

3) $\dfrac{2}{3}$ =

4) $\dfrac{5}{8}$ =

5) $\dfrac{2}{6}$ =

6) $\dfrac{3}{4}$ =

7) $\dfrac{1}{2}$ =

8) $\dfrac{4}{6}$ =

9) $\dfrac{7}{8}$ =

10) $\dfrac{3}{5}$ =

11) $\dfrac{3}{8}$ =

12) $\dfrac{2}{4}$ =

13) $\dfrac{1}{5}$ =

14) $\dfrac{6}{8}$ =

15) $\dfrac{1}{6}$ =

16) $\dfrac{1}{4}$ =

17) $\dfrac{1}{3}$ =

18) $\dfrac{4}{8}$ =

19) $\dfrac{5}{6}$ =

20) $\dfrac{2}{5}$ =

Time: :

Score: /20

Test 4   Fraction Identification

Colour the fraction.   1 point per question.

1) $\frac{2}{5}$ =

2) $\frac{2}{3}$ =

3) $\frac{1}{5}$ =

4) $\frac{3}{4}$ =

5) $\frac{6}{8}$ =

6) $\frac{1}{2}$ =

7) $\frac{3}{6}$ =

8) $\frac{1}{3}$ =

9) $\frac{4}{8}$ =

10) $\frac{1}{4}$ =

11) $\frac{1}{8}$ =

12) $\frac{4}{6}$ =

13) $\frac{2}{4}$ =

14) $\frac{3}{5}$ =

15) $\frac{1}{6}$ =

16) $\frac{4}{5}$ =

17) $\frac{2}{6}$ =

18) $\frac{7}{8}$ =

19) $\frac{5}{8}$ =

20) $\frac{5}{6}$ =

Name: _____ Date: _____

Test 5 **Fraction Identification**

Time: :   Score: /20

Identify the fraction.   4 points per question.

1) ⬜ = _____

2) ⬜ = _____

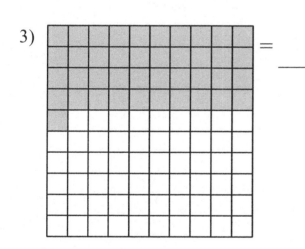

3) ⬜ = _____

4) ⬜ = _____

5) ⬜ = _____

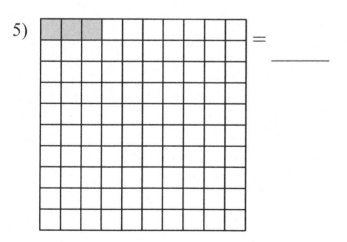

Test 6 **Fraction Identification**

Time:
:

Score:
/20

Colour the fraction.   4 points per question.

1) 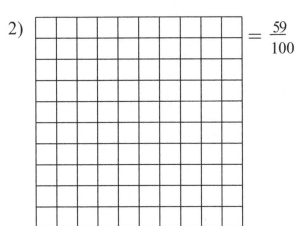 $= \dfrac{45}{100}$

2) $= \dfrac{59}{100}$

3) 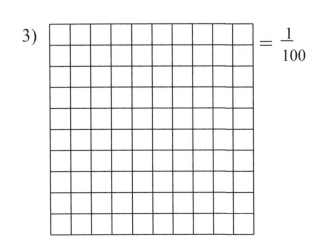 $= \dfrac{1}{100}$

4) 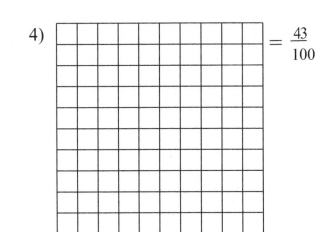 $= \dfrac{43}{100}$

5) 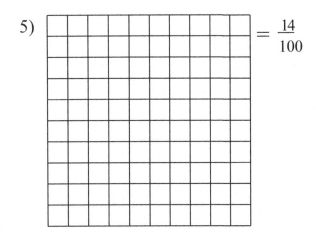 $= \dfrac{14}{100}$

Name: —————————————— Date: ——————

Test 7   **Adding & Subtracting Fractions**

Add these fractions, giving your answer as   1 point per question.
a mixed number if necessary.

1) $\dfrac{4}{6} + \dfrac{4}{6} =$ 2) $\dfrac{9}{19} + \dfrac{10}{19} =$ 3) $\dfrac{11}{14} + \dfrac{4}{14} =$ 4) $\dfrac{4}{18} + \dfrac{2}{18} =$

5) $\dfrac{9}{10} + \dfrac{5}{10} =$ 6) $\dfrac{2}{11} + \dfrac{10}{11} =$ 7) $\dfrac{2}{18} + \dfrac{1}{18} =$ 8) $\dfrac{3}{7} + \dfrac{5}{7} =$

9) $\dfrac{3}{6} + \dfrac{3}{6} =$ 10) $\dfrac{11}{16} + \dfrac{15}{16} =$ 11) $\dfrac{8}{10} + \dfrac{7}{10} =$ 12) $\dfrac{18}{19} + \dfrac{8}{19} =$

13) $\dfrac{17}{20} + \dfrac{4}{20} =$ 14) $\dfrac{7}{9} + \dfrac{6}{9} =$ 15) $\dfrac{5}{11} + \dfrac{9}{11} =$ 16) $\dfrac{1}{2} + \dfrac{1}{2} =$

17) $\dfrac{5}{15} + \dfrac{7}{15} =$ 18) $\dfrac{7}{17} + \dfrac{9}{17} =$ 19) $\dfrac{10}{13} + \dfrac{5}{13} =$ 20) $\dfrac{8}{12} + \dfrac{9}{12} =$

Name: —————————————— Date: ————————

Test 8 | **Adding & Subtracting Fractions** | Time: **:** | Score: /20

Add these fractions, giving your answer as a mixed number if necessary.

1 point per question.

1) $\frac{4}{9} + \frac{5}{9} =$

2) $\frac{1}{4} + \frac{3}{4} =$

3) $\frac{4}{19} + \frac{6}{19} =$

4) $\frac{4}{12} + \frac{11}{12} =$

5) $\frac{2}{5} + \frac{3}{5} =$

6) $\frac{15}{17} + \frac{5}{17} =$

7) $\frac{1}{2} + \frac{1}{2} =$

8) $\frac{14}{20} + \frac{3}{20} =$

9) $\frac{3}{6} + \frac{2}{6} =$

10) $\frac{3}{16} + \frac{10}{16} =$

11) $\frac{3}{15} + \frac{8}{15} =$

12) $\frac{10}{14} + \frac{5}{14} =$

13) $\frac{7}{10} + \frac{4}{10} =$

14) $\frac{10}{13} + \frac{12}{13} =$

15) $\frac{7}{18} + \frac{8}{18} =$

16) $\frac{6}{8} + \frac{5}{8} =$

17) $\frac{1}{3} + \frac{1}{3} =$

18) $\frac{1}{7} + \frac{5}{7} =$

19) $\frac{3}{4} + \frac{2}{4} =$

20) $\frac{8}{10} + \frac{6}{10} =$

10

Name: ——————————————————— Date: ——————————

Add these fractions, giving your answer as   1 point per question.
a mixed number if necessary.

1) $\dfrac{11}{14} + \dfrac{7}{14} =$ 2) $\dfrac{1}{3} + \dfrac{1}{3} =$ 3) $\dfrac{7}{9} + \dfrac{4}{9} =$ 4) $\dfrac{9}{15} + \dfrac{10}{15} =$

5) $\dfrac{14}{19} + \dfrac{1}{19} =$ 6) $\dfrac{5}{7} + \dfrac{4}{7} =$ 7) $\dfrac{11}{17} + \dfrac{11}{17} =$ 8) $\dfrac{9}{12} + \dfrac{7}{12} =$

9) $\dfrac{13}{20} + \dfrac{19}{20} =$ 10) $\dfrac{7}{10} + \dfrac{8}{10} =$ 11) $\dfrac{3}{18} + \dfrac{16}{18} =$ 12) $\dfrac{3}{6} + \dfrac{2}{6} =$

13) $\dfrac{2}{5} + \dfrac{3}{5} =$ 14) $\dfrac{6}{11} + \dfrac{8}{11} =$ 15) $\dfrac{10}{16} + \dfrac{6}{16} =$ 16) $\dfrac{1}{2} + \dfrac{1}{2} =$

17) $\dfrac{10}{13} + \dfrac{5}{13} =$ 18) $\dfrac{3}{4} + \dfrac{3}{4} =$ 19) $\dfrac{4}{13} + \dfrac{10}{13} =$ 20) $\dfrac{5}{7} + \dfrac{2}{7} =$

Name: —————————————— Date: —————————

Test 10 | **Adding & Subtracting Fractions**

Add these fractions, giving your answer as   1 point per question.
a mixed number if necessary.

1) $\dfrac{4}{11} + \dfrac{10}{11} =$ 2) $\dfrac{2}{14} + \dfrac{10}{14} =$ 3) $\dfrac{10}{17} + \dfrac{8}{17} =$ 4) $\dfrac{6}{11} + \dfrac{6}{11} =$

5) $\dfrac{2}{15} + \dfrac{11}{15} =$ 6) $\dfrac{18}{20} + \dfrac{1}{20} =$ 7) $\dfrac{2}{6} + \dfrac{2}{6} =$ 8) $\dfrac{9}{14} + \dfrac{10}{14} =$

9) $\dfrac{2}{19} + \dfrac{7}{19} =$ 10) $\dfrac{1}{2} + \dfrac{1}{2} =$ 11) $\dfrac{3}{18} + \dfrac{3}{18} =$ 12) $\dfrac{7}{17} + \dfrac{11}{17} =$

13) $\dfrac{3}{4} + \dfrac{3}{4} =$ 14) $\dfrac{4}{13} + \dfrac{4}{13} =$ 15) $\dfrac{1}{7} + \dfrac{5}{7} =$ 16) $\dfrac{4}{5} + \dfrac{4}{5} =$

17) $\dfrac{3}{16} + \dfrac{1}{16} =$ 18) $\dfrac{2}{3} + \dfrac{2}{3} =$ 19) $\dfrac{2}{8} + \dfrac{6}{8} =$ 20) $\dfrac{2}{9} + \dfrac{5}{9} =$

Name: —————————————————— Date: ——————————

Test 11 — Adding & Subtracting Fractions

Add these fractions, giving your answer as a mixed number if necessary.

1 point per question.

1) $\dfrac{8}{17} + \dfrac{14}{17} =$

2) $\dfrac{4}{5} + \dfrac{4}{5} =$

3) $\dfrac{1}{20} + \dfrac{6}{20} =$

4) $\dfrac{4}{15} + \dfrac{14}{15} =$

5) $\dfrac{1}{16} + \dfrac{1}{16} =$

6) $\dfrac{3}{9} + \dfrac{1}{9} =$

7) $\dfrac{10}{11} + \dfrac{3}{11} =$

8) $\dfrac{2}{7} + \dfrac{3}{7} =$

9) $\dfrac{4}{18} + \dfrac{1}{18} =$

10) $\dfrac{1}{19} + \dfrac{9}{19} =$

11) $\dfrac{5}{8} + \dfrac{6}{8} =$

12) $\dfrac{3}{10} + \dfrac{5}{10} =$

13) $\dfrac{3}{5} + \dfrac{2}{5} =$

14) $\dfrac{1}{2} + \dfrac{1}{2} =$

15) $\dfrac{15}{17} + \dfrac{10}{17} =$

16) $\dfrac{1}{6} + \dfrac{1}{6} =$

17) $\dfrac{10}{14} + \dfrac{1}{14} =$

18) $\dfrac{2}{3} + \dfrac{1}{3} =$

19) $\dfrac{1}{4} + \dfrac{1}{4} =$

20) $\dfrac{3}{12} + \dfrac{3}{12} =$

Name: —————————————————— Date: ——————

| Test 12 | Adding & Subtracting Fractions |

Add these fractions, giving your answer as a mixed number if necessary.

1 point per question.

1) $\dfrac{3}{11} + \dfrac{10}{11} =$

2) $\dfrac{8}{12} + \dfrac{7}{12} =$

3) $\dfrac{2}{6} + \dfrac{4}{6} =$

4) $\dfrac{1}{4} + \dfrac{1}{4} =$

5) $\dfrac{1}{5} + \dfrac{1}{5} =$

6) $\dfrac{10}{13} + \dfrac{8}{13} =$

7) $\dfrac{15}{16} + \dfrac{7}{16} =$

8) $\dfrac{10}{15} + \dfrac{12}{15} =$

9) $\dfrac{3}{7} + \dfrac{4}{7} =$

10) $\dfrac{3}{11} + \dfrac{6}{11} =$

11) $\dfrac{6}{18} + \dfrac{4}{18} =$

12) $\dfrac{9}{17} + \dfrac{10}{17} =$

13) $\dfrac{4}{8} + \dfrac{6}{8} =$

14) $\dfrac{3}{10} + \dfrac{7}{10} =$

15) $\dfrac{17}{19} + \dfrac{6}{19} =$

16) $\dfrac{1}{2} + \dfrac{1}{2} =$

17) $\dfrac{2}{20} + \dfrac{12}{20} =$

18) $\dfrac{1}{3} + \dfrac{1}{3} =$

19) $\dfrac{11}{14} + \dfrac{13}{14} =$

20) $\dfrac{7}{9} + \dfrac{1}{9} =$

Name: _____ Date: _____

Time: :   Score: /20

Subtract these fractions, giving your answer as a mixed number if necessary.

1 point per question.

1) $\dfrac{4}{5} - \dfrac{3}{5} =$

2) $\dfrac{2}{6} - \dfrac{1}{6} =$

3) $\dfrac{6}{8} - \dfrac{4}{8} =$

4) $\dfrac{2}{3} - \dfrac{1}{3} =$

5) $\dfrac{5}{8} - \dfrac{4}{8} =$

6) $\dfrac{3}{5} - \dfrac{1}{5} =$

7) $\dfrac{3}{4} - \dfrac{1}{4} =$

8) $\dfrac{5}{6} - \dfrac{1}{6} =$

9) $\dfrac{6}{8} - \dfrac{1}{8} =$

10) $\dfrac{3}{5} - \dfrac{2}{5} =$

11) $\dfrac{5}{6} - \dfrac{4}{6} =$

12) $\dfrac{4}{6} - \dfrac{2}{6} =$

13) $\dfrac{3}{4} - \dfrac{2}{4} =$

14) $\dfrac{4}{8} - \dfrac{3}{8} =$

15) $\dfrac{2}{5} - \dfrac{1}{5} =$

16) $\dfrac{4}{6} - \dfrac{3}{6} =$

17) $\dfrac{2}{4} - \dfrac{1}{4} =$

18) $\dfrac{6}{8} - \dfrac{5}{8} =$

19) $\dfrac{4}{5} - \dfrac{2}{5} =$

20) $\dfrac{7}{8} - \dfrac{6}{8} =$

Name: ———————————————— Date: ——————————

Subtract these fractions, giving your answer as   1 point per question.
a mixed number if necessary.

1) $\dfrac{13}{20} - \dfrac{9}{20} =$ 2) $\dfrac{9}{10} - \dfrac{3}{10} =$ 3) $\dfrac{2}{3} - \dfrac{1}{3} =$ 4) $\dfrac{11}{17} - \dfrac{6}{17} =$

5) $\dfrac{5}{9} - \dfrac{2}{9} =$ 6) $\dfrac{19}{24} - \dfrac{17}{24} =$ 7) $\dfrac{11}{14} - \dfrac{9}{14} =$ 8) $\dfrac{14}{15} - \dfrac{11}{15} =$

9) $\dfrac{23}{30} - \dfrac{19}{30} =$ 10) $\dfrac{7}{18} - \dfrac{1}{18} =$ 11) $\dfrac{10}{13} - \dfrac{7}{13} =$ 12) $\dfrac{6}{7} - \dfrac{2}{7} =$

13) $\dfrac{3}{5} - \dfrac{1}{5} =$ 14) $\dfrac{21}{23} - \dfrac{4}{23} =$ 15) $\dfrac{17}{21} - \dfrac{5}{21} =$ 16) $\dfrac{7}{22} - \dfrac{1}{22} =$

17) $\dfrac{3}{4} - \dfrac{1}{4} =$ 18) $\dfrac{13}{19} - \dfrac{11}{19} =$ 19) $\dfrac{14}{15} - \dfrac{4}{15} =$ 20) $\dfrac{23}{30} - \dfrac{13}{30} =$

Name: ———————————————— Date: ——————————

Subtract these fractions, giving your answer as a mixed number if necessary.

1 point per question.

1) $\dfrac{19}{25} - \dfrac{17}{25} =$ 2) $\dfrac{8}{9} - \dfrac{4}{9} =$ 3) $\dfrac{3}{8} - \dfrac{1}{8} =$ 4) $\dfrac{4}{11} - \dfrac{1}{11} =$

5) $\dfrac{6}{7} - \dfrac{3}{7} =$ 6) $\dfrac{16}{19} - \dfrac{3}{19} =$ 7) $\dfrac{17}{18} - \dfrac{13}{18} =$ 8) $\dfrac{11}{12} - \dfrac{7}{12} =$

9) $\dfrac{13}{21} - \dfrac{10}{21} =$ 10) $\dfrac{10}{13} - \dfrac{4}{13} =$ 11) $\dfrac{5}{14} - \dfrac{1}{14} =$ 12) $\dfrac{22}{23} - \dfrac{20}{23} =$

13) $\dfrac{21}{22} - \dfrac{13}{22} =$ 14) $\dfrac{4}{5} - \dfrac{2}{5} =$ 15) $\dfrac{15}{16} - \dfrac{13}{16} =$ 16) $\dfrac{2}{3} - \dfrac{1}{3} =$

17) $\dfrac{9}{10} - \dfrac{7}{10} =$ 18) $\dfrac{14}{25} - \dfrac{2}{25} =$ 19) $\dfrac{7}{8} - \dfrac{5}{8} =$ 20) $\dfrac{3}{4} - \dfrac{1}{4} =$

Time:
:

Score:
/20

Test 16 | **Adding & Subtracting Fractions**

Subtract these fractions, giving your answer as a mixed number if necessary.

1 point per question.

1) $\dfrac{9}{13} - \dfrac{1}{13} =$

2) $\dfrac{19}{24} - \dfrac{1}{24} =$

3) $\dfrac{8}{23} - \dfrac{1}{23} =$

4) $\dfrac{15}{16} - \dfrac{13}{16} =$

5) $\dfrac{19}{30} - \dfrac{1}{30} =$

6) $\dfrac{11}{18} - \dfrac{5}{18} =$

7) $\dfrac{11}{14} - \dfrac{9}{14} =$

8) $\dfrac{3}{10} - \dfrac{1}{10} =$

9) $\dfrac{12}{19} - \dfrac{7}{19} =$

10) $\dfrac{5}{12} - \dfrac{1}{12} =$

11) $\dfrac{13}{15} - \dfrac{8}{15} =$

12) $\dfrac{5}{6} - \dfrac{1}{6} =$

13) $\dfrac{4}{5} - \dfrac{3}{5} =$

14) $\dfrac{15}{17} - \dfrac{14}{17} =$

15) $\dfrac{20}{21} - \dfrac{16}{21} =$

16) $\dfrac{7}{8} - \dfrac{1}{8} =$

17) $\dfrac{13}{25} - \dfrac{2}{25} =$

18) $\dfrac{8}{11} - \dfrac{6}{11} =$

19) $\dfrac{2}{3} - \dfrac{1}{3} =$

20) $\dfrac{3}{4} - \dfrac{1}{4} =$

Name: —————————————————— Date: ——————

Subtract these fractions, giving your answer as   1 point per question.
a mixed number if necessary.

1) $\dfrac{16}{21} - \dfrac{13}{21} =$ 2) $\dfrac{13}{14} - \dfrac{9}{14} =$ 3) $\dfrac{4}{13} - \dfrac{3}{13} =$ 4) $\dfrac{2}{3} - \dfrac{1}{3} =$

5) $\dfrac{7}{8} - \dfrac{5}{8} =$ 6) $\dfrac{5}{9} - \dfrac{1}{9} =$ 7) $\dfrac{5}{21} - \dfrac{4}{21} =$ 8) $\dfrac{14}{15} - \dfrac{13}{15} =$

9) $\dfrac{3}{4} - \dfrac{1}{4} =$ 10) $\dfrac{11}{16} - \dfrac{9}{16} =$ 11) $\dfrac{18}{25} - \dfrac{17}{25} =$ 12) $\dfrac{10}{11} - \dfrac{9}{11} =$

13) $\dfrac{4}{5} - \dfrac{3}{5} =$ 14) $\dfrac{23}{30} - \dfrac{17}{30} =$ 15) $\dfrac{13}{18} - \dfrac{7}{18} =$ 16) $\dfrac{5}{7} - \dfrac{2}{7} =$

17) $\dfrac{13}{23} - \dfrac{1}{23} =$ 18) $\dfrac{19}{20} - \dfrac{9}{20} =$ 19) $\dfrac{10}{17} - \dfrac{5}{17} =$ 20) $\dfrac{17}{19} - \dfrac{11}{19} =$

19

Name: _____ Date: _____

Time:
:

Score:
/20

Subtract these fractions, giving your answer as a mixed number if necessary.

1 point per question.

1) $\dfrac{23}{30} - \dfrac{13}{30} =$

2) $\dfrac{5}{12} - \dfrac{1}{12} =$

3) $\dfrac{9}{14} - \dfrac{1}{14} =$

4) $\dfrac{9}{10} - \dfrac{1}{10} =$

5) $\dfrac{5}{24} - \dfrac{1}{24} =$

6) $\dfrac{21}{22} - \dfrac{15}{22} =$

7) $\dfrac{6}{7} - \dfrac{5}{7} =$

8) $\dfrac{10}{17} - \dfrac{9}{17} =$

9) $\dfrac{18}{25} - \dfrac{13}{25} =$

10) $\dfrac{8}{9} - \dfrac{4}{9} =$

11) $\dfrac{2}{3} - \dfrac{1}{3} =$

12) $\dfrac{9}{16} - \dfrac{3}{16} =$

13) $\dfrac{11}{18} - \dfrac{7}{18} =$

14) $\dfrac{19}{30} - \dfrac{13}{30} =$

15) $\dfrac{3}{5} - \dfrac{2}{5} =$

16) $\dfrac{10}{11} - \dfrac{8}{11} =$

17) $\dfrac{12}{13} - \dfrac{9}{13} =$

18) $\dfrac{3}{8} - \dfrac{1}{8} =$

19) $\dfrac{22}{23} - \dfrac{15}{23} =$

20) $\dfrac{19}{21} - \dfrac{13}{21} =$

Name: ——————————————— Date: ——————

Convert these fractions into decimals.   1 point per question.

1) $\dfrac{3}{10}$ = _____

2) $\dfrac{78}{100}$ = _____

3) $\dfrac{4}{10}$ = _____

4) $\dfrac{50}{100}$ = _____

5) $\dfrac{64}{100}$ = _____

6) $\dfrac{9}{10}$ = _____

7) $\dfrac{5}{10}$ = _____

8) $\dfrac{18}{100}$ = _____

9) $\dfrac{6}{10}$ = _____

10) $\dfrac{37}{100}$ = _____

11) $\dfrac{72}{100}$ = _____

12) $\dfrac{74}{100}$ = _____

13) $\dfrac{9}{100}$ = _____

14) $\dfrac{46}{100}$ = _____

15) $\dfrac{28}{100}$ = _____

16) $\dfrac{8}{10}$ = _____

17) $\dfrac{69}{100}$ = _____

18) $\dfrac{97}{100}$ = _____

19) $\dfrac{77}{100}$ = _____

20) $\dfrac{90}{100}$ = _____

Name: _____ Date: _____

Time:
:

Score:
/20

Convert these fractions into decimals.　　　　　　1 point per question.

1) $\dfrac{73}{100}$ = _____

2) $\dfrac{7}{10}$ = _____

3) $\dfrac{1}{2}$ = _____

4) $\dfrac{2}{4}$ = _____

5) $\dfrac{23}{100}$ = _____

6) $\dfrac{5}{10}$ = _____

7) $\dfrac{44}{100}$ = _____

8) $\dfrac{1}{4}$ = _____

9) $\dfrac{4}{10}$ = _____

10) $\dfrac{9}{100}$ = _____

11) $\dfrac{8}{10}$ = _____

12) $\dfrac{61}{100}$ = _____

13) $\dfrac{65}{100}$ = _____

14) $\dfrac{3}{4}$ = _____

15) $\dfrac{3}{10}$ = _____

16) $\dfrac{79}{100}$ = _____

17) $\dfrac{6}{10}$ = _____

18) $\dfrac{86}{100}$ = _____

19) $\dfrac{82}{100}$ = _____

20) $\dfrac{77}{100}$ = _____

Name: ———————————————— Date: —————————

Convert these fractions into decimals.   1 point per question.

1) $\dfrac{46}{100}$ = _____

2) $\dfrac{1}{10}$ = _____

3) $\dfrac{3}{4}$ = _____

4) $\dfrac{80}{100}$ = _____

5) $\dfrac{1}{2}$ = _____

6) $\dfrac{4}{10}$ = _____

7) $\dfrac{3}{10}$ = _____

8) $\dfrac{24}{100}$ = _____

9) $\dfrac{1}{4}$ = _____

10) $\dfrac{2}{10}$ = _____

11) $\dfrac{21}{100}$ = _____

12) $\dfrac{7}{10}$ = _____

13) $\dfrac{52}{100}$ = _____

14) $\dfrac{74}{100}$ = _____

15) $\dfrac{85}{100}$ = _____

16) $\dfrac{5}{10}$ = _____

17) $\dfrac{49}{100}$ = _____

18) $\dfrac{11}{100}$ = _____

19) $\dfrac{2}{4}$ = _____

20) $\dfrac{44}{100}$ = _____

Test 22 **Decimal & Fraction Equivalents**

Time: :

Score: /20

Convert these fractions into decimals.   1 point per question.

1) $6\frac{8}{10}$ = _____

2) $4\frac{50}{100}$ = _____

3) $1\frac{3}{4}$ = _____

4) $3\frac{3}{10}$ = _____

5) $3\frac{1}{2}$ = _____

6) $4\frac{4}{10}$ = _____

7) $5\frac{1}{2}$ = _____

8) $4\frac{2}{4}$ = _____

9) $1\frac{6}{100}$ = _____

10) $2\frac{2}{10}$ = _____

11) $9\frac{2}{4}$ = _____

12) $9\frac{5}{100}$ = _____

13) $8\frac{7}{100}$ = _____

14) $9\frac{3}{10}$ = _____

15) $7\frac{1}{2}$ = _____

16) $1\frac{2}{4}$ = _____

17) $5\frac{2}{4}$ = _____

18) $6\frac{59}{100}$ = _____

19) $2\frac{9}{10}$ = _____

20) $4\frac{3}{10}$ = _____

24

Test 23 Decimal & Fraction Equivalents

Time: :

Score: /20

Convert these fractions into decimals.   1 point per question.

1) 0.82 = ———

2) 0.4 = ———

3) 0.75 = ———

4) 0.97 = ———

5) 0.1 = ———

6) 0.5 = ———

7) 0.84 = ———

8) 0.9 = ———

9) 0.15 = ———

10) 0.7 = ———

11) 0.5 = ———

12) 0.83 = ———

13) 0.2 = ———

14) 0.52 = ———

15) 0.9 = ———

16) 0.7 = ———

17) 0.58 = ———

18) 0.25 = ———

19) 0.6 = ———

20) 0.22 = ———

Name: —————————————————— Date: ——————————

Convert these fractions into decimals.   1 point per question.

1)   0.87 = ___   2)   0.75 = ___   3)   0.9 = ___   4)   0.5 = ___

5)   0.5 = ___   6)   0.51 = ___   7)   0.4 = ___   8)   0.25 = ___

9)   0.23 = ___   10)   0.7 = ___   11)   0.11 = ___   12)   0.01 = ___

13)   0.8 = ___   14)   0.63 = ___   15)   0.41 = ___   16)   0.2 = ___

17)   0.72 = ___   18)   0.5 = ___   19)   0.37 = ___   20)   0.27 = ___

Name: ———————————————— Date: ——————————

Time:
:

Score:
/20

Convert these fractions into decimals.   1 point per question.

1) 0.25 = ___

2) 0.6 = ___

3) 0.5 = ___

4) 0.25 = ___

5) 0.76 = ___

6) 0.5 = ___

7) 0.35 = ___

8) 0.8 = ___

9) 0.75 = ___

10) 0.02 = ___

11) 0.2 = ___

12) 0.5 = ___

13) 0.61 = ___

14) 0.3 = ___

15) 0.66 = ___

16) 0.14 = ___

17) 0.77 = ___

18) 0.23 = ___

19) 0.26 = ___

20) 0.2 = ___

Name: _____ Date: _____

Time: :

Score: /20

Convert these fractions into decimals.   1 point per question.

1) 2.2 = ____

2) 6.25 = ____

3) 6.24 = ____

4) 8.8 = ____

5) 4.24 = ____

6) 8.5 = ____

7) 4.25 = ____

8) 4.5 = ____

9) 6.9 = ____

10) 9.5 = ____

11) 5.18 = ____

12) 2.9 = ____

13) 3.5 = ____

14) 5.62 = ____

15) 5.25 = ____

16) 9.78 = ____

17) 6.5 = ____

18) 2.75 = ____

19) 3.2 = ____

20) 1.4 = ____

Name: ———————————————— Date: —————

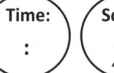
Time:
:
Score:
/20

Answer these as quickly as possible and find
the quotient .

1 point per question.

1) $45 \div 10 =$ —————————

2) $18 \div 10 =$ —————————

3) $35 \div 10 =$ —————————

4) $7 \div 10 =$ —————————

5) $48 \div 10 =$ —————————

6) $28 \div 10 =$ —————————

7) $23 \div 10 =$ —————————

8) $8 \div 10 =$ —————————

9) $27 \div 10 =$ —————————

10) $40 \div 10 =$ —————————

11) $41 \div 10 =$ —————————

12) $3 \div 10 =$ —————————

13) $19 \div 10 =$ —————————

14) $42 \div 10 =$ —————————

15) $43 \div 10 =$ —————————

16) $24 \div 10 =$ —————————

17) $29 \div 10 =$ —————————

18) $31 \div 10 =$ —————————

19) $12 \div 10 =$ —————————

20) $49 \div 10 =$ —————————

 Name: _____ Date: _____

Time: :

Score: /20

Answer these as quickly as possible and find the quotient .

1 point per question.

1) $14 \div 10 =$ _____

2) $27 \div 10 =$ _____

3) $35 \div 10 =$ _____

4) $11 \div 10 =$ _____

5) $37 \div 10 =$ _____

6) $31 \div 10 =$ _____

7) $3 \div 10 =$ _____

8) $48 \div 10 =$ _____

9) $22 \div 10 =$ _____

10) $38 \div 10 =$ _____

11) $21 \div 10 =$ _____

12) $12 \div 10 =$ _____

13) $30 \div 10 =$ _____

14) $36 \div 10 =$ _____

15) $7 \div 10 =$ _____

16) $17 \div 10 =$ _____

17) $2 \div 10 =$ _____

18) $34 \div 10 =$ _____

19) $41 \div 10 =$ _____

20) $9 \div 10 =$ _____

Name: _____ Date: _____

Time:

:

Score:

/20

Answer these as quickly as possible and find the quotient .

1 point per question.

1) $8 \div 10 =$ _____

2) $39 \div 10 =$ _____

3) $6 \div 10 =$ _____

4) $11 \div 10 =$ _____

5) $49 \div 10 =$ _____

6) $2 \div 10 =$ _____

7) $43 \div 10 =$ _____

8) $17 \div 10 =$ _____

9) $4 \div 10 =$ _____

10) $42 \div 10 =$ _____

11) $3 \div 10 =$ _____

12) $15 \div 10 =$ _____

13) $12 \div 10 =$ _____

14) $14 \div 10 =$ _____

15) $18 \div 10 =$ _____

16) $38 \div 10 =$ _____

17) $22 \div 10 =$ _____

18) $35 \div 10 =$ _____

19) $45 \div 10 =$ _____

20) $41 \div 10 =$ _____

Name: _____ Date: _____

Answer these as quickly as possible and find the quotient .

1 point per question.

1) $10 \div 10 =$ _____

2) $44 \div 10 =$ _____

3) $19 \div 10 =$ _____

4) $25 \div 10 =$ _____

5) $8 \div 10 =$ _____

6) $13 \div 10 =$ _____

7) $32 \div 10 =$ _____

8) $12 \div 10 =$ _____

9) $20 \div 10 =$ _____

10) $40 \div 10 =$ _____

11) $23 \div 10 =$ _____

12) $9 \div 10 =$ _____

13) $3 \div 10 =$ _____

14) $38 \div 10 =$ _____

15) $36 \div 10 =$ _____

16) $49 \div 10 =$ _____

17) $11 \div 10 =$ _____

18) $24 \div 10 =$ _____

19) $4 \div 10 =$ _____

20) $16 \div 10 =$ _____

Name: ———————————————— Date: ————————

Time:

:

Score:

/20

Answer these as quickly as possible and find the quotient .

1 point per question.

1) $28 \div 100 = $ _____

2) $78 \div 100 = $ _____

3) $79 \div 100 = $ _____

4) $24 \div 100 = $ _____

5) $63 \div 100 = $ _____

6) $15 \div 100 = $ _____

7) $23 \div 100 = $ _____

8) $65 \div 100 = $ _____

9) $22 \div 100 = $ _____

10) $58 \div 100 = $ _____

11) $71 \div 100 = $ _____

12) $42 \div 100 = $ _____

13) $36 \div 100 = $ _____

14) $67 \div 100 = $ _____

15) $18 \div 100 = $ _____

16) $94 \div 100 = $ _____

17) $47 \div 100 = $ _____

18) $86 \div 100 = $ _____

19) $41 \div 100 = $ _____

20) $5 \div 100 = $ _____

Name: _____ Date: _____

Answer these as quickly as possible and find the quotient .   1 point per question.

1)   19 ÷ 100 = _____

2)   16 ÷ 100 = _____

3)   71 ÷ 100 = _____

4)   63 ÷ 100 = _____

5)   3 ÷ 100 = _____

6)   96 ÷ 100 = _____

7)   10 ÷ 100 = _____

8)   42 ÷ 100 = _____

9)   4 ÷ 100 = _____

10)   26 ÷ 100 = _____

11)   55 ÷ 100 = _____

12)   45 ÷ 100 = _____

13)   39 ÷ 100 = _____

14)   15 ÷ 100 = _____

15)   27 ÷ 100 = _____

16)   36 ÷ 100 = _____

17)   65 ÷ 100 = _____

18)   12 ÷ 100 = _____

19)   38 ÷ 100 = _____

20)   46 ÷ 100 = _____

Name: ———————————————— Date: —————————

Test 33 **Dividing by 10 & 100**

Time:

:

Score:

/20

Answer these as quickly as possible and find the quotient.

1 point per question.

1) 3 ÷ 100 = ——————————

2) 65 ÷ 100 = ——————————

3) 69 ÷ 100 = ——————————

4) 87 ÷ 100 = ——————————

5) 77 ÷ 100 = ——————————

6) 92 ÷ 100 = ——————————

7) 84 ÷ 100 = ——————————

8) 38 ÷ 100 = ——————————

9) 68 ÷ 100 = ——————————

10) 22 ÷ 100 = ——————————

11) 14 ÷ 100 = ——————————

12) 29 ÷ 100 = ——————————

13) 16 ÷ 100 = ——————————

14) 83 ÷ 100 = ——————————

15) 5 ÷ 100 = ——————————

16) 39 ÷ 100 = ——————————

17) 6 ÷ 100 = ——————————

18) 53 ÷ 100 = ——————————

19) 57 ÷ 100 = ——————————

20) 80 ÷ 100 = ——————————

Name: —————————————— Date: —————————

Answer these as quickly as possible and find the quotient .

1 point per question.

1) $53 \div 100 =$ _____

2) $18 \div 100 =$ _____

3) $49 \div 100 =$ _____

4) $63 \div 100 =$ _____

5) $84 \div 100 =$ _____

6) $54 \div 100 =$ _____

7) $81 \div 100 =$ _____

8) $32 \div 100 =$ _____

9) $87 \div 100 =$ _____

10) $90 \div 100 =$ _____

11) $72 \div 100 =$ _____

12) $74 \div 100 =$ _____

13) $8 \div 100 =$ _____

14) $66 \div 100 =$ _____

15) $61 \div 100 =$ _____

16) $80 \div 100 =$ _____

17) $88 \div 100 =$ _____

18) $64 \div 100 =$ _____

19) $38 \div 100 =$ _____

20) $95 \div 100 =$ _____

Name: —————————————— Date: ————————

 Time: :

 Score: /20

Round these to the nearest whole number.   1 point per question.

1) $18.6 =$ _____

2) $84.0 =$ _____

3) $32.2 =$ _____

4) $71.1 =$ _____

5) $52.1 =$ _____

6) $33.9 =$ _____

7) $41.4 =$ _____

8) $73.7 =$ _____

9) $28.6 =$ _____

10) $6.7 =$ _____

11) $33.4 =$ _____

12) $53.8 =$ _____

13) $81.8 =$ _____

14) $18.1 =$ _____

15) $11.7 =$ _____

16) $16.9 =$ _____

17) $99.0 =$ _____

18) $24.4 =$ _____

19) $74.7 =$ _____

20) $24.2 =$ _____

Time:
:

Score:
/20

Test 36   **Rounding Decimals**

Round these to the nearest whole number.   1 point per question.

1) $2\underline{5}.7$ = _____

2) $3\underline{8}.2$ = _____

3) $5\underline{2}.6$ = _____

4) $6\underline{2}.9$ = _____

5) $5\underline{7}.6$ = _____

6) $7\underline{3}.2$ = _____

7) $5\underline{8}.1$ = _____

8) $6\underline{4}.7$ = _____

9) $1\underline{0}.4$ = _____

10) $9\underline{8}.9$ = _____

11) $9\underline{5}.7$ = _____

12) $1\underline{4}.5$ = _____

13) $\underline{2}.8$ = _____

14) $8\underline{1}.8$ = _____

15) $3\underline{6}.3$ = _____

16) $2\underline{1}.5$ = _____

17) $2\underline{3}.3$ = _____

18) $4\underline{0}.5$ = _____

19) $8\underline{8}.0$ = _____

20) $2\underline{4}.6$ = _____

Name: ———————————————— Date: ————————

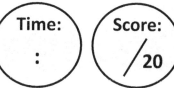

Time:

:

Score:

/20

Round these to the nearest whole number.   1 point per question.

1) $23.5 =$ _____

2) $9.2 =$ _____

3) $92.9 =$ _____

4) $47.2 =$ _____

5) $57.4 =$ _____

6) $82.7 =$ _____

7) $81.0 =$ _____

8) $64.4 =$ _____

9) $53.7 =$ _____

10) $40.2 =$ _____

11) $42.6 =$ _____

12) $47.9 =$ _____

13) $16.1 =$ _____

14) $92.3 =$ _____

15) $85.9 =$ _____

16) $26.2 =$ _____

17) $47.7 =$ _____

18) $49.1 =$ _____

19) $73.7 =$ _____

20) $36.7 =$ _____

Name: ——————————— Date: ——————

Time: :

Score: /20

Test 38   **Rounding Decimals**

Round these to the nearest whole number.   1 point per question.

1) 45.6 = _____   2) 62.6 = _____

3) 45.4 = _____   4) 25.6 = _____

5) 30.8 = _____   6) 88.7 = _____

7) 27.0 = _____   8) 56.2 = _____

9) 10.0 = _____   10) 83.2 = _____

11) 0.6 = _____   12) 45.5 = _____

13) 11.3 = _____   14) 21.8 = _____

15) 25.5 = _____   16) 97.8 = _____

17) 45.9 = _____   18) 28.9 = _____

19) 72.4 = _____   20) 67.7 = _____

Name: _____ Date: _____

Compare each pair of decimal numbers using the >, < symbols.   1 point per question.

1)   0.02   0.84   2)   0.03   0.09

3)   0.3   0.82   4)   0.9   0.48

5)   0.4   0.02   6)   0.01   0.7

7)   0.3   0.81   8)   0.74   0.53

9)   0.05   0.70   10)   0.88   0.6

11)   0.84   0.96   12)   0.3   0.05

13)   0.02   9.2   14)   1.7   1.8

15)   4.9   2.6   16)   0.01   0.55

17)   0.2   0.07   18)   0.8   4.9

19)   6.7   3.7   20)   0.7   0.09

Time:
:

Score:
/20

Test 40 | **Comparing Decimals**

Compare each pair of decimal numbers using the >, < symbols.

1 point per question.

1) 0.2   6.0

2) 0.92   0.9

3) 9.7   0.03

4) 7.8   0.09

5) 0.01   0.04

6) 3.5   0.05

7) 5.4   0.4

8) 0.02   7.6

9) 0.39   0.64

10) 0.04   0.01

11) 0.76   0.1

12) 0.8   0.6

13) 0.9   0.02

14) 0.1   0.9

15) 0.01   4.3

16) 0.78   0.50

17) 0.06   0.5

18) 0.51   8.7

19) 0.5   0.13

20) 0.9   0.9

Name: _____ Date: _____

Time: :

Score: /20

Compare each pair of decimal numbers using the >, < symbols.

1 point per question.

1) 0.06   8.6

2) 0.2   2.4

3) 0.07   0.09

4) 0.66   5.9

5) 6.1   0.59

6) 0.06   0.08

7) 0.9   0.11

8) 0.53   5.8

9) 0.04   0.3

10) 0.6   3.6

11) 0.81   0.7

12) 2.6   0.06

13) 0.8   0.05

14) 0.02   0.06

15) 0.7   0.44

16) 9.4   0.95

17) 0.06   0.52

18) 6.6   6.1

19) 0.5   0.09

20) 9.1   0.77

Name: _____ Date: _____

Comparing Decimals

Time: :   Score: /20

Compare each pair of decimal numbers using the >, < symbols.

1 point per question.

1) 0.8   0.02   2) 0.9   0.52

3) 0.05   0.36   4) 0.93   6.1

5) 0.57   0.2   6) 0.83   1.1

7) 0.06   0.32   8) 0.7   0.83

9) 0.05   0.60   10) 0.01   0.33

11) 0.62   0.2   12) 2.8   0.1

13) 0.02   0.3   14) 0.73   0.3

15) 4.1   0.08   16) 0.5   0.42

17) 0.1   0.42   18) 0.4   0.6

19) 7.6   0.02   20) 0.07   0.09

Answers

Page 3: Fraction Identification
1. 7/8 2. 1/2 3. 1/3 4. 3/4 5. 4/8 6. 4/6 7. 2/5 8. 4/5
9. 1/4 10. 2/8 11. 1/6 12. 5/8 13. 3/5 14. 2/4 15. 2/3 16. 5/6
17. 1/8 18. 2/6 19. 1/5 20. 3/8

Page 4: Fraction Identification
1. 2/3 2. 3/4 3. 2/6 4. 1/2 5. 6/8 6. 2/5 7. 3/5 8. 3/8
9. 5/6 10. 3/6 11. 1/3 12. 2/8 13. 4/5 14. 7/8 15. 1/4 16. 5/8
17. 1/5 18. 4/6 19. 2/4 20. 1/6

Page 5: Fraction Identification
1. 1/8 2. 4/5 3. 2/3 4. 5/8 5. 2/6 6. 3/4 7. 1/2 8. 4/6
9. 7/8 10. 3/5 11. 3/8 12. 2/4 13. 1/5 14. 6/8 15. 1/6 16. 1/4
17. 1/3 18. 4/8 19. 5/6 20. 2/5

Page 6: Fraction Identification
1. 2/5 2. 2/3 3. 1/5 4. 3/4 5. 6/8 6. 1/2 7. 3/6 8. 1/3
9. 4/8 10. 1/4 11. 1/8 12. 4/6 13. 2/4 14. 3/5 15. 1/6 16. 4/5
17. 2/6 18. 7/8 19. 5/8 20. 5/6

Page 7: Fraction Identification
1. 71/100 2. 17/100 3. 41/100 4. 54/100 5. 3/100

Page 8: Fraction Identification
1. 45/100 2. 59/100 3. 1/100 4. 43/100 5. 14/100

Page 9: Adding and Subtracting Fractions
1. 1 2/6 2. 1 3. 1 1/14 4. 6/18 5. 1 4/10
6. 1 1/11 7. 3/18 8. 1 1/7 9. 1 10. 1 10/16
11. 1 5/10 12. 1 7/19 13. 1 1/20 14. 1 4/9 15. 1 3/11
16. 1 17. 12/15 18. 16/17 19. 1 2/13 20. 1 5/12

Page 10: Adding and Subtracting Fractions
1. 1 2. 1 3. 10/19 4. 1 3/12 5. 1 6. 1 3/17
7. 1 8. 17/20 9. 5/6 10. 13/16 11. 11/15 12. 1 1/14

13. 1 1/10   14. 1 9/13   15. 15/18   16. 1 3/8   17. 2/3   18. 6/7

19. 1 1/4   20. 1 4/10

Page 11: Adding and Subtracting Fractions

1. 1 4/14   2. 2/3   3. 1 2/9   4. 1 4/15   5. 15/19   6. 1 2/7

7. 1 5/17   8. 1 4/12   9. 1 12/20   10. 1 5/10   11. 1 1/18   12. 5/6

13. 1   14. 1 3/11   15. 1   16. 1   17. 1 2/13   18. 1 2/4

19. 1 1/13   20. 1

Page 12: Adding and Subtracting Fractions

1. 1 3/11   2. 12/14   3. 1 1/17   4. 1 1/11   5. 13/15   6. 19/20

7. 4/6   8. 1 5/14   9. 9/19   10. 1   11. 6/18   12. 1 1/17

13. 1 2/4   14. 8/13   15. 6/7   16. 1 3/5   17. 4/16   18. 1 1/3

19. 1   20. 7/9

Page 13: Adding and Subtracting Fractions

1. 1 5/17   2. 1 3/5   3. 7/20   4. 1 3/15   5. 2/16   6. 4/9

7. 1 2/11   8. 5/7   9. 5/18   10. 10/19   11. 1 3/8   12. 8/10

13. 1   14. 1   15. 1 8/17   16. 2/6   17. 11/14   18. 1

19. 2/4   20. 6/12

Page 14: Adding and Subtracting Fractions

1. 1 2/11   2. 1 3/12   3. 1   4. 2/4   5. 2/5

6. 1 5/13   7. 1 6/16   8. 1 7/15   9. 1   10. 9/11

11. 10/18   12. 1 2/17   13. 1 2/8   14. 1   15. 1 4/19

16. 1   17. 14/20   18. 2/3   19. 1 10/14   20. 8/9

Page 15: Adding and Subtracting Fractions

1. 1/5   2. 1/6   3. 1/4   4. 1/3   5. 1/8   6. 2/5   7. 1/2   8. 2/3

9. 5/8   10. 1/5   11. 1/6   12. 1/3   13. 1/4   14. 1/8   15. 1/5   16. 1/6

17. 1/4   18. 1/8   19. 2/5   20. 1/8

Page 16: Adding and Subtracting Fractions

1. 4/20   2. 6/10   3. 1/3   4. 5/17   5. 3/9   6. 2/24   7. 2/14

8. 3/15   9. 4/30   10. 6/18   11. 3/13   12. 4/7   13. 2/5   14. 17/23

15. 12/21   16. 6/22   17. 2/4   18. 2/19   19. 10/15   20. 10/30

Page 17: Adding and Subtracting Fractions
1. 2/25   2. 4/9   3. 2/8   4. 3/11   5. 3/7   6. 13/19   7. 4/18
8. 4/12   9. 3/21   10. 6/13   11. 4/14   12. 2/23   13. 8/22   14. 2/5
15. 2/16   16. 1/3   17. 2/10   18. 12/25   19. 2/8   20. 2/4

Page 18: Adding and Subtracting Fractions
1. 8/13   2. 18/24   3. 7/23   4. 2/16   5. 18/30   6. 6/18   7. 2/14
8. 2/10   9. 5/19   10. 4/12   11. 5/15   12. 4/6   13. 1/5   14. 1/17
15. 4/21   16. 6/8   17. 11/25   18. 2/11   19. 1/3   20. 2/4

Page 19: Adding and Subtracting Fractions
1. 3/21   2. 4/14   3. 1/13   4. 1/3   5. 2/8   6. 4/9   7. 1/21
8. 1/15   9. 2/4   10. 2/16   11. 1/25   12. 1/11   13. 1/5   14. 6/30
15. 6/18   16. 3/7   17. 12/23   18. 10/20   19. 5/17   20. 6/19

Page 20: Adding and Subtracting Fractions
1. 10/30   2. 4/12   3. 8/14   4. 8/10   5. 4/24   6. 6/22   7. 1/7
8. 1/17   9. 5/25   10. 4/9   11. 1/3   12. 6/16   13. 4/18   14. 6/30
15. 1/5   16. 2/11   17. 3/13   18. 2/8   19. 7/23   20. 6/21

Page 21: Decimal and Fraction Equivalents
1. 0.3   2. 0.78   3. 0.4   4. 0.5   5. 0.64   6. 0.9   7. 0.5
8. 0.18   9. 0.6   10. 0.37   11. 0.72   12. 0.74   13. 0.09   14. 0.46
15. 0.28   16. 0.8   17. 0.69   18. 0.97   19. 0.77   20. 0.9

Page 22: Decimal and Fraction Equivalents
1. 0.73   2. 0.7   3. 0.5   4. 0.5   5. 0.23   6. 0.5   7. 0.44
8. 0.25   9. 0.4   10. 0.09   11. 0.8   12. 0.61   13. 0.65   14. 0.75
15. 0.3   16. 0.79   17. 0.6   18. 0.86   19. 0.82   20. 0.77

Page 23: Decimal and Fraction Equivalents
1. 0.46   2. 0.1   3. 0.75   4. 0.8   5. 0.5   6. 0.4   7. 0.3
8. 0.24   9. 0.25   10. 0.2   11. 0.21   12. 0.7   13. 0.52   14. 0.74
15. 0.85   16. 0.5   17. 0.49   18. 0.11   19. 0.5   20. 0.44

Page 24: Decimal and Fraction Equivalents

1. 6.8   2. 4.5   3. 1.75   4. 3.3   5. 3.5   6. 4.4   7. 5.5

8. 4.5   9. 1.06   10. 2.2   11. 9.5   12. 9.05   13. 8.07   14. 9.3

15. 7.5   16. 1.5   17. 5.5   18. 6.59   19. 2.9   20. 4.3

Page 25: Decimal and Fraction Equivalents

1. 82/100   2. 4/10   3. 3/4   4. 97/100   5. 1/10   6. 1/2

7. 84/100   8. 9/10   9. 15/100   10. 7/10   11. 2/4   12. 83/100

13. 2/10   14. 52/100   15. 90/100   16. 70/100   17. 58/100   18. 1/4

19. 6/10   20. 22/100

Page 26: Decimal and Fraction Equivalents

1. 87/100   2. 3/4   3. 9/10   4. 1/2   5. 5/10   6. 51/100

7. 4/10   8. 1/4   9. 23/100   10. 7/10   11. 11/100   12. 1/100

13. 8/10   14. 63/100   15. 41/100   16. 2/10   17. 72/100   18. 2/4

19. 37/100   20. 27/100

Page 27: Decimal and Fraction Equivalents

1. 25/100   2. 6/10   3. 1/2   4. 1/4   5. 76/100   6. 5/10

7. 35/100   8. 8/10   9. 3/4   10. 2/100   11. 2/10   12. 2/4

13. 61/100   14. 3/10   15. 66/100   16. 14/100   17. 77/100   18. 23/100

19. 26/100   20. 20/100

Page 28: Decimal and Fraction Equivalents

1. 2 2/10   2. 6 1/4   3. 6 24/100   4. 8 8/10   5. 4 24/100

6. 8 1/2   7. 4 1/4   8. 4 1/2   9. 6 9/10   10. 9 2/4

11. 5 18/100   12. 2 9/10   13. 3 1/2   14. 5 62/100   15. 5 1/4

16. 9 78/100   17. 6 1/2   18. 2 3/4   19. 3 2/10   20. 1 4/10

Page 29: Dividing by 10 and 100

1. 4.5   2. 1.8   3. 3.5   4. 0.7   5. 4.8   6. 2.8   7. 2.3   8. 0.8   9. 2.7

10. 4   11. 4.1   12. 0.3   13. 1.9   14. 4.2   15. 4.3   16. 2.4   17. 2.9   18. 3.1

19. 1.2   20. 4.9

Page 30: Dividing by 10 and 100

1. 1.4   2. 2.7   3. 3.5   4. 1.1   5. 3.7   6. 3.1   7. 0.3   8. 4.8   9. 2.2

10. 3.8   11. 2.1   12. 1.2   13. 3   14. 3.6   15. 0.7   16. 1.7   17. 0.2   18. 3.4

19. 4.1   20. 0.9

Page 31: Dividing by 10 and 100

1. 0.8   2. 3.9   3. 0.6   4. 1.1   5. 4.9   6. 0.2   7. 4.3   8. 1.7   9. 0.4

10. 4.2   11. 0.3   12. 1.5   13. 1.2   14. 1.4   15. 1.8   16. 3.8   17. 2.2   18. 3.5

19. 4.5   20. 4.1

Page 32: Dividing by 10 and 100

1. 1   2. 4.4   3. 1.9   4. 2.5   5. 0.8   6. 1.3   7. 3.2   8. 1.2   9. 2

10. 4   11. 2.3   12. 0.9   13. 0.3   14. 3.8   15. 3.6   16. 4.9   17. 1.1   18. 2.4

19. 0.4   20. 1.6

Page 33: Dividing by 10 and 100

1. 0.28   2. 0.78   3. 0.79   4. 0.24   5. 0.63   6. 0.15   7. 0.23

8. 0.65   9. 0.22   10. 0.58   11. 0.71   12. 0.42   13. 0.36   14. 0.67

15. 0.18   16. 0.94   17. 0.47   18. 0.86   19. 0.41   20. 0.05

Page 34: Dividing by 10 and 100

1. 0.19   2. 0.16   3. 0.71   4. 0.63   5. 0.03   6. 0.96   7. 0.1

8. 0.42   9. 0.04   10. 0.26   11. 0.55   12. 0.45   13. 0.39   14. 0.15

15. 0.27   16. 0.36   17. 0.65   18. 0.12   19. 0.38   20. 0.46

Page 35: Dividing by 10 and 100

1. 0.03   2. 0.65   3. 0.69   4. 0.87   5. 0.77   6. 0.92   7. 0.84

8. 0.38   9. 0.68   10. 0.22   11. 0.14   12. 0.29   13. 0.16   14. 0.83

15. 0.05   16. 0.39   17. 0.06   18. 0.53   19. 0.57   20. 0.8

Page 36: Dividing by 10 and 100

1. 0.53   2. 0.18   3. 0.49   4. 0.63   5. 0.84   6. 0.54   7. 0.81

8. 0.32   9. 0.87   10. 0.9   11. 0.72   12. 0.74   13. 0.08   14. 0.66

15. 0.61   16. 0.8   17. 0.88   18. 0.64   19. 0.38   20. 0.95

Page 37:   Rounding Decimals

1. 19   2. 84   3. 32   4. 71   5. 52   6. 34   7. 41   8. 74   9. 29

10. 7   11. 33   12. 54   13. 82   14. 18   15. 12   16. 17   17. 99   18. 24

19. 75   20. 24

Page 38:   Rounding Decimals

1. 26   2. 38   3. 53   4. 63   5. 58   6. 73   7. 58   8. 65   9. 10

10. 99   11. 96   12. 15   13. 3   14. 82   15. 36   16. 22   17. 23   18. 41

19. 88   20. 25

Page 39:   Rounding Decimals

1. 24   2. 9   3. 93   4. 47   5. 57   6. 83   7. 81   8. 64   9. 54

10. 40   11. 43   12. 48   13. 16   14. 92   15. 86   16. 26   17. 48   18. 49

19. 74   20. 37

Page 40:   Rounding Decimals

1. 46   2. 63   3. 45   4. 26   5. 31   6. 89   7. 27   8. 56   9. 10

10. 83   11. 1   12. 46   13. 11   14. 22   15. 26   16. 98   17. 46   18. 29

19. 72   20. 68

Page 41:   Comparing Decimals

1. <   2. <   3. <   4. >   5. >   6. <   7. <   8. >   9. <   10. >   11. <

12. >   13. <   14. <   15. >   16. <   17. >   18. <   19. >   20. >

Page 42:   Comparing Decimals

1. <   2. >   3. >   4. >   5. <   6. >   7. >   8. <   9. <   10. >   11. >

12. >   13. >   14. <   15. <   16. >   17. <   18. <   19. >   20. =

Page 43:   Comparing Decimals

1. <   2. <   3. <   4. <   5. >   6. <   7. >   8. <   9. <   10. <   11. >

12. >   13. >   14. <   15. >   16. >   17. <   18. >   19. >   20. >

Page 44:   Comparing Decimals

1. >   2. >   3. <   4. <   5. >   6. <   7. <   8. <   9. <   10. <   11. >

12. >   13. <   14. >   15. >   16. >   17. <   18. <   19. >   20. <

Made in the USA
Coppell, TX
28 January 2022

72563454R00031